타란툴라 vs 전갈

또 하나의 대결 말벌 vs 쌍살벌

이해 쏙쏙! 코너 밀러두기

핵심 정보: 꼭 알아야 하는 동물 필수 정보를 담았어요.
기본기 다지기: 동물 정보를 익히려면 알아 두어야 하는 기초 지식을 배워요.
놀라운 사실!: 동물의 놀라운 크기, 무게, 능력 등을 소개해요.
요건 몰랐지?: 이것까지 알면 동물 천재! 동물 척척박사가 되는 정보를 알려 주어요.
깜짝 질문: 동물 공부가 더 재밌어지는 기상천외한 질문이 등장해요.

WHO WOULD WIN?
누가 이길까?

제리 팔로타 글 · 롭 볼스터 그림 | 신인수 옮김

타란툴라

VS

전갈

비룡소

메마른 사막에서 벌어진 타란툴라와 전갈의 대결.
과연 누가 맹독으로부터 살아남을 것인가!

저기 좀 봐! 사막 한가운데서 무언가 꿈틀꿈틀 기어가. 타란툴라랑 전갈이잖아!
이 둘이 만나면 무슨 일이 벌어질까? 마침 둘 다 성나서 싸움이 벌어진다면,
과연 누가 이길까?

거침없이 공격을 퍼붓는
공포의 사냥꾼

이름: 골리앗새잡이거미
사는 곳: 남아메리카와 아프리카 등
공격 기술: 송곳니로 꽉 물어 독 집어넣기

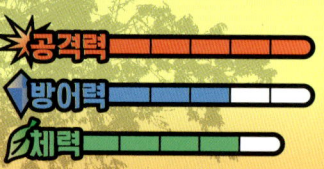

타란툴라

8 ·············· 타란툴라 선수 입장!
10 ·············· 조용한 땅속 보금자리
12 ·············· 전격 해부, 타란툴라의 몸
14 ·············· 목표물에 다가가 송곳니로 꽉!
16 ·············· 타란툴라의 닮은꼴
18 ·············· 냠냠냠, 어디 한번 먹어 볼까?
20 ·············· 타란툴라의 튼튼한 외골격
22 ·············· 바사삭, 고소한 타란툴라 요리
24 ·············· 공포스러운 공격 자세
26 ·············· 타란툴라의 놀라운 생명력
28 ·············· 재미로 푸는 타란툴라 퀴즈
30 ·············· 최강 동물 대결!

동물 소개 · 차례

만나면 끝을 보고야 마는
죽음의 추적자

이름: 데스스토커
사는 곳: 극지방을 제외한 전 세계
공격 기술: 집게발로 붙들고 꼬리로 독침 찌르기

전갈

전갈 선수 입장! ·········· 9

타란툴라 선수 입장!

빰빠라밤, 어기적어기적 타란툴라가 나왔어. 대형 거미에 속하는 타란툴라는 종류가 약 1500종 정도 돼. 그중에서도 오늘의 대결 선수는 바로 골리앗새잡이거미야.

기본기 다지기
타란툴라는 대부분 갈색이나 검은색을 띠고, 몸길이는 약 13센티미터 정도야.

핵심 정보
타란툴라는 거미류에 속해. 거미나 응애, 진드기 같은 동물이 거미류에 포함되지. 거미류는 몸에 등뼈가 없는 무척추동물에 속한단다.

놀라운 사실!
다 자란 골리앗새잡이거미의 몸을 쫙 펼치면 길이가 30센티미터에 달해.

타란툴라는 온몸에 털이 나 있어. 가늘고 긴 다리는 4쌍이고, 다리에는 마디가 있지.

전갈 선수 입장!

타란툴라와 맞선 전갈이야. 전갈은 종류가 1100여 종이 넘어. 대단하지? 그중에서도 전갈의 대표 선수는 데스스토커야. 몸집은 작지만 얕잡아 봤다가는 큰코다칠 거야.

경고!
전갈의 꼬리에 난 침에 절대로 쏘이지 말 것.

놀라운 사실!
가장 몸집이 큰 전갈은 황제전갈이야. 몸길이가 20센티미터 정도지. 데스스토커는 8센티미터쯤 된단다.

전갈도 거미류에 속해. 다리가 4쌍 있고, 몸 앞쪽에 집게발이 2개 있지. 꼬리 끝마디에 독이 들어 있어서 꼬리 끝에 난 침으로 쏘면…. 으앗, 충격이 꽤 클걸!

조용한 땅속 보금자리

타란툴라는 남아메리카와 아프리카 등 따뜻한 지역에서 주로 살아. 대개 땅속에 굴을 만들어 조용히 살아가지. 자기 몸이 간신히 지나갈 만한 통로를 파 놓고는 침입자가 들어오거나 물이 새어 들어오지 않도록 굴 입구를 거미줄로 막아 놓아.

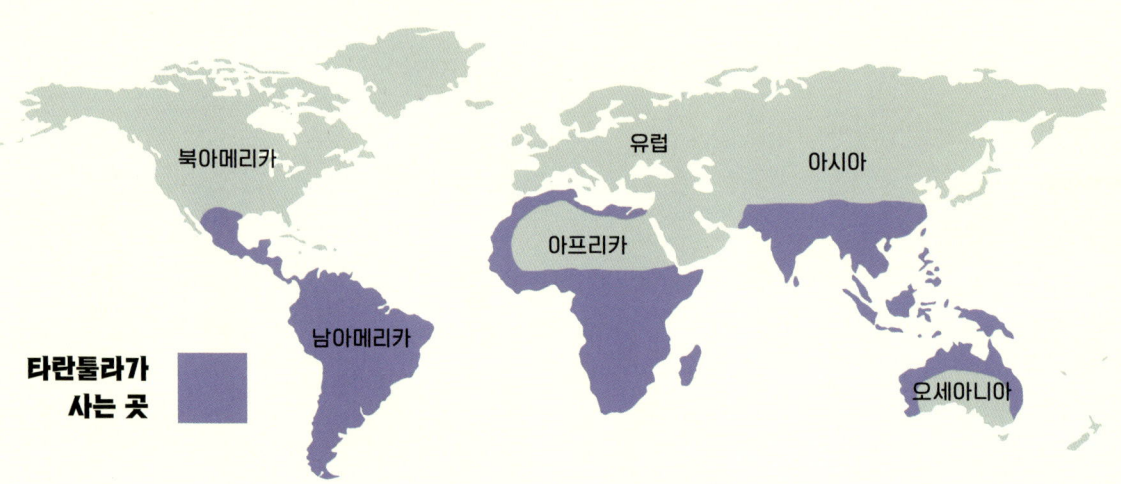

요건 몰랐지?
타란툴라는 때때로 뱀이나 쥐가 버리고 간 땅굴에서 지내기도 해.

안전한 곳이 좋아!

전갈은 아주 추운 극지방을 제외한 전 세계에서 볼 수 있어. 그중 특히 메마른 사막 지역에 많이 살지. 바위 밑이나 땅굴처럼 안전하게 숨을 수 있는 곳이라면 전갈을 만날 확률이 아주 높단다!

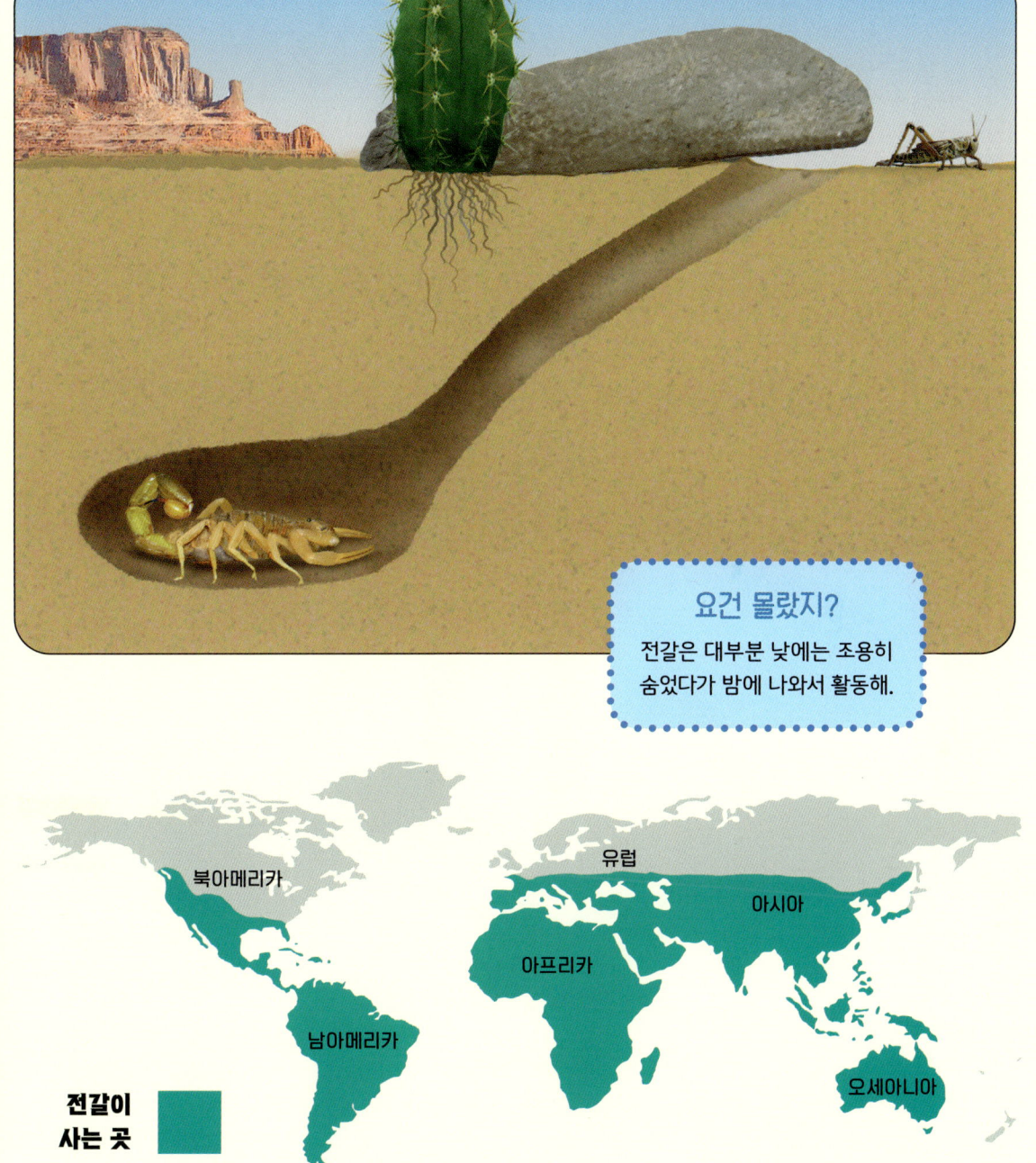

요건 몰랐지?
전갈은 대부분 낮에는 조용히 숨었다가 밤에 나와서 활동해.

전갈이 사는 곳

전격 해부, 타란툴라의 몸

타란툴라는 거미의 한 종류라고 했지? 몸이 크게 머리가슴과 배, 두 부분으로 나뉘어. 4쌍의 다리는 모두 머리가슴에 붙어 있어.

기본기 다지기
거미는 머리와 가슴이 붙어 있어서 한꺼번에 '머리가슴'이라고 불러. 반면에 곤충은 몸이 머리, 가슴, 배 세 부분으로 나뉘어 있지.

핵심 정보
거미줄은 배의 끝에 있는 실젖에서 나와.

- 실젖 (방적돌기)
- 배
- 다리 8개
- 머리가슴
- 눈 8개
- 협각
- 더듬이다리 2개

요건 몰랐지?
거미는 집게발처럼 생긴 협각으로 물체를 잡을 수 있어.

깜짝 질문
타란툴라 다리 끝에는 발톱이 있게, 없게? 정답은 있다!

위 그림을 보고 타란툴라의 다리가 10개라고 생각했다면 큰일 날 말씀! 협각 옆에 있는 다리 두 개는 '더듬이다리'라고 하는데, 사람의 팔과 같은 역할을 해. 먹잇감을 찾거나 옮길 때 쓰거든.

본격 탐구, 전갈의 몸

전갈도 몸이 머리가슴과 긴 배, 두 부분으로 나뉘어. 전갈도 머리가슴에 눈이 있어. 위쪽에 1쌍의 큰 눈이, 옆쪽에 3~5쌍의 옆눈이 있지. 긴 배는 앞배와 뒷배로 나뉜단다.

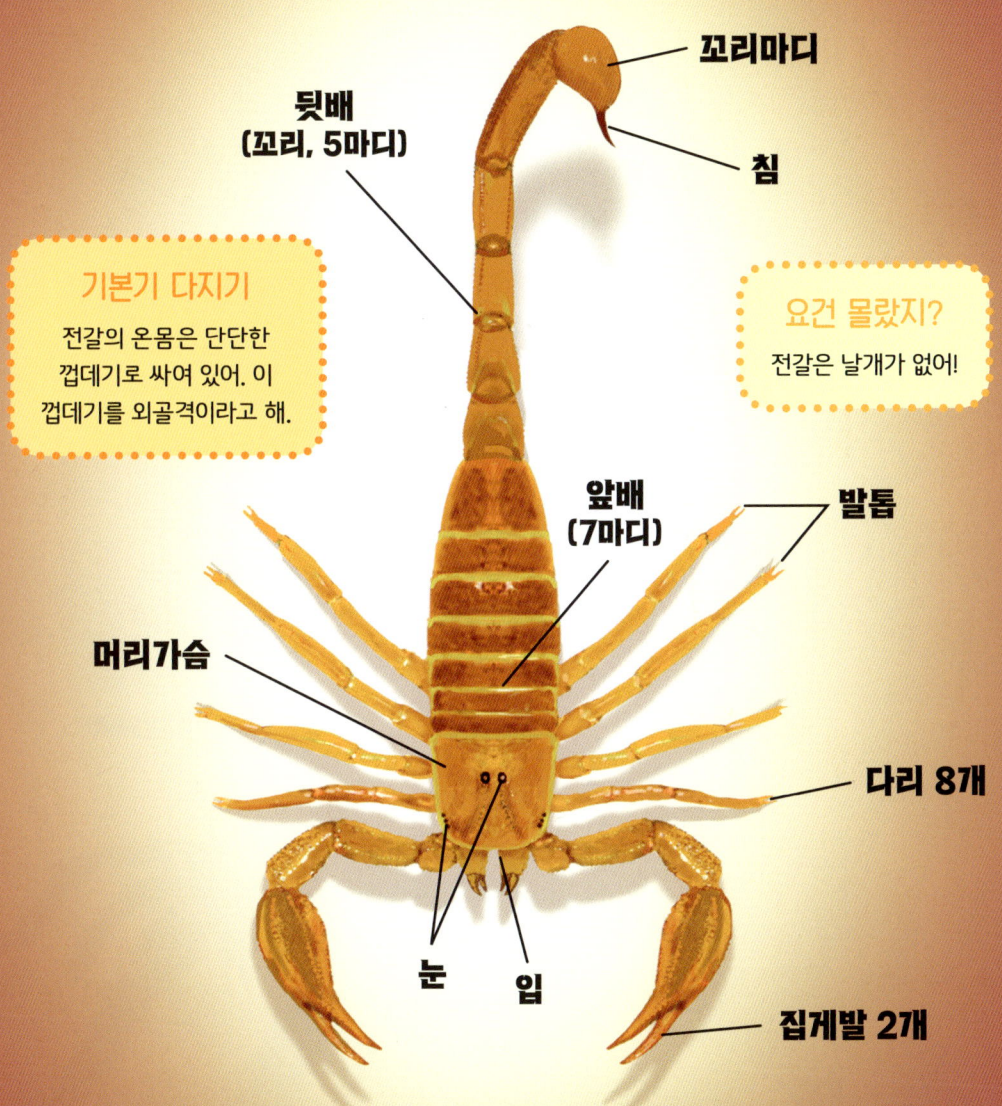

- 꼬리마디
- 침
- 뒷배 (꼬리, 5마디)
- 앞배 (7마디)
- 발톱
- 머리가슴
- 다리 8개
- 눈
- 입
- 집게발 2개

기본기 다지기
전갈의 온몸은 단단한 껍데기로 싸여 있어. 이 껍데기를 외골격이라고 해.

요건 몰랐지?
전갈은 날개가 없어!

깜짝 질문
전갈은 발톱이 있게, 없게? 정답은 있다! 다리 끝에 각각 2개씩 있지. 게다가 발에 진동을 느끼는 기관도 있어.

놀라운 사실!
전갈은 자외선을 쬐면 몸을 감싸고 있는 껍데기에서 형광빛이 나. 껍데기에 있는 형광 물질이 자외선과 반응한 거야.

목표물에 다가가 송곳니로 꽉!

타란툴라는 송곳니로 무는 힘이 무척 세. 게다가 송곳니에는 독이 들어 있다고!

타란툴라의 입 주변

송곳니

입

핵심 정보
타란툴라는 다른 동물을 잡아먹고 살아. 먹잇감에 송곳니를 박아서 독을 집어넣어 먹잇감의 몸을 녹인 다음에 후루룩 빨아 먹지.

타란툴라는 싸울 때 다리로 몸을 비벼서 털을 날려. 잔털이 마구 날아오면 적은 숨 쉬기도, 눈을 뜨기도 어렵겠지?

잡고 찌르고 찢기 공격!

먹잇감을 꽉 잡을 수 있는 집게발

놀라운 사실!
전갈은 사는 곳에 따라 몸 색깔이 달라.

전갈의 꼬리 끝에는 뾰족하고 날카로운 침이 있어.
침에서 나온 독은 상대방을 마비시킬 정도로 강력하다고!

요건 몰랐지?
전갈의 입에도 협각이 1쌍 있어.
작은 집게발처럼 생겼지.

전갈은 먹잇감을 먹을 때 아주 재빨라.
독침으로 마비시킨 먹잇감을 집게발로 잡고,
협각으로 찢고, 소화액을 게워 내서 먹잇감을 녹이지. 그러고 꿀꺽!

협각

타란툴라의 닮은꼴

이게 뭐야! 타란툴라랑 비슷하게 생긴 동물들이 있네. 타란툴라처럼 4~5쌍의 다리가 옆으로 뻗어 있는 동물들이 여럿 되니까.

기본기 다지기
타란툴라, 진드기, 응애는 거미류고, 게는 갑각류*야.

핵심 정보
거미는 대부분 눈이 8개야.

'타란툴라'라는 이름은 '타란텔라'라는 이탈리아 남부 타란토의 민속춤에서 따왔어. 이탈리아 남쪽에는 타란툴라에게 물린 사람은 지쳐 쓰러질 때까지 이 춤을 추게 된다는 이야기가 전해져.

*갑각류: 물속에 살고 몸이 단단한 껍데기로 싸인 게, 바닷가재, 새우 등.

집게발을 딱딱, 전갈 패밀리

전갈은 '육지의 가재'라는 별명이 있어. 생김새를 비교해 보면 아마 고개를 끄덕이게 될 거야. 물가나 바닷속에 사는 가재랑 많이 닮았거든.

기본기 다지기
전갈은 거미류이지만 거미보다 갑각류인 가재나 바닷가재와 겉모습이 비슷해 보여. 전갈, 가재, 바닷가재 모두 몸의 앞쪽에 집게발이 달려 있어서 그렇지.

전갈

가재

바닷가재

새우

요건 몰랐지?
전갈만 빼고 새우, 가재, 바닷가재는 모두 더듬이가 있구나!

냠냠냠, 어디 한번 먹어 볼까?

타란툴라는 다른 동물을 잡아먹는 육식 동물이야. 곤충이나 다른 거미류, 몸집이 작은 쥐, 도마뱀, 뱀, 새 등을 사냥해서 먹지.

기본기 다지기
암컷 타란툴라는 종종 짝짓기를 하려고 다가온 수컷 타란툴라를 잡아먹어.

요건 몰랐지?
타란툴라의 위는 몸 전체에 걸쳐 있대. 와우!

먹잇감을 기다렸다가 덥석!

전갈은 적극적으로 먹잇감을 쫓지 않아. 몸을 숨기고 있다가 먹잇감이 나타나면 재빠르게 덥석! 하하하, 정말 영리하지?

여러 가지 곤충과 벌레

요건 몰랐지?
전갈도 자기들끼리 서로 잡아먹기도 해.

전갈은 주로 곤충, 거미, 벌레 등을 잡아먹어.
전갈 중에는 무려 1년 동안 먹지 않고 살 수 있는 종이 있대.

타란툴라의 튼튼한 외골격

사람이나 코끼리, 호랑이 등은 몸속에 단단한 뼈가 있어. 하지만 타란툴라 같은 거미류는 몸속의 뼈 대신 몸 바깥에 단단한 외골격을 갖추고 있지.

기본기 다지기
외골격은 몸을 지탱하고 보호하는 단단한 구조야.

타란툴라는 자라면서 몸집이 커지면 외골격을 벗어. 이걸 '탈피'라고 한단다. 겉을 감싸고 있던 허물을 벗는 거야.

깜짝 질문
그럼 사람이나 호랑이처럼 몸속에서 몸을 지탱하는 뼈대를 뭐라고 할까? 내골격이라고 해!

요건 몰랐지?
타란툴라는 탈피에 실패하기도 해. 탈피 중에 다리가 잘리는 경우도 있어. 또 탈피한 후 일주일 정도는 몸이 말랑말랑해서 적의 공격으로부터 몸을 지키기 힘들어.

전갈의 단단한 외골격

전갈도 몸이 외골격으로 싸여 있어. 앗, 아래 사진을 봐. 지금 막 전갈이 허물을 벗었어!

요건 몰랐지?
전갈은 외골격을 막 벗고 나왔을 때가 몸이 가장 무르고 약해.

위 사진을 보고 전갈 두 마리라고 생각했겠지만 아니야. 왼쪽 위에 있는 것은 전갈이 막 빠져나오고 남긴 껍데기야. 오른쪽 아래에 있는 것이 막 탈피한 전갈인 거지.

깜짝 질문
위 사진에서 남겨진 허물과 빠져나온 몸을 구분하는 방법은?
바로 눈을 봐야 해. 허물에는 눈이 안 보이지?

바사삭, 고소한 타란툴라 요리

타란툴라를 요리로 만들어 먹기도 해. 마시멜로를 불에 구워 먹듯 타란툴라를 막대기에 꽂아 불에 구워서 먹지. 무슨 맛일까?

아시아, 아프리카, 남아메리카의 일부 나라에서는 타란툴라 요리를 즐겨 먹어.

깜짝 질문
타란툴라 요리는 안전할까? 당연한 말씀! 먼저 독을 제거한다고.

요건 몰랐지?
타란툴라 요리법은 여러 가지야. 구워 먹고, 튀김옷을 묻혀서 튀겨 먹고…. 심지어 아마존 열대 우림에서는 타란툴라의 내장을 꺼내어 달군 팬에 달달 볶아 먹기도 하지.

맛 좋은 전갈 꼬치 요리

전갈로 만든 요리도 있어. 아주 희귀한 요리 아니냐고? 천만에! 전갈을 먹어 본 사람들이 수백만 명도 넘을걸.

전갈을 어떻게 요리해서 먹는 게 가장 맛있을까? 국수에 얹어서? 밥반찬으로 먹어도 좋겠지? 간식으로 전갈이 들어 있는 막대 사탕을 먹어 보는 건 어때?

요건 몰랐지?
중국 사람들이 해마다 먹는 전갈의 양은 수백만 마리나 돼.

공포스러운 공격 자세

잘 봐! 타란툴라의 공격 자세야. 만약 우리 몸이 아래의 사람처럼 작아져서 타란툴라를 마주 본다면…. 으으, 무서워서 옴짝달싹 못 할 것 같아.

> **놀라운 사실!**
> 다리가 8개인 동물은 균형을 엄청나게 잘 잡아.

요건 몰랐지?
미식축구팀의 이름이나 상징물에 '타란툴라'를 쓰는 경우도 있어. 털이 숭숭 난 기다란 다리에 독까지…. 타란툴라의 생김새만 봐도 상대 팀의 기가 팍 꺾일 테니까.

온몸에 힘을 쫙! 전갈의 전투 자세

자, 이번에는 거대한 전갈이 눈앞에 있다고 상상해 봐. 으악, 무시무시해! 아래처럼 전갈은 날카로운 집게발 한 쌍과 무엇이든 꿰뚫어 버릴 듯한 꼬리로 공격해.

놀라운 사실!
2007년 독일에서는 몸길이가 약 2.5미터로 추정되는 바다 전갈의 발톱 화석*이 발견되었어.

★**화석**: 먼 옛날 동식물의 흔적이 땅속에 묻혀 남아 있는 것.

요건 몰랐지?
야구팀 이름으로 '전갈'을 쓰는 경우도 있지. 독침 달린 꼬리를 바짝 세우고 집게발을 딱딱거리는 전갈이라…. 어후, 상대 팀이 겁에 질리기 딱 좋겠어.

타란툴라의 놀라운 생명력

타란툴라는 태어난 뒤 얼마 되지 않아 스스로의 힘으로 살아가. 어미는 새끼들을 돌보지 않지.

핵심 정보
타란툴라 암컷은 20년 넘게 살 수도 있어.

깜짝 질문
타란툴라의 피는 무슨 색일까? 사람처럼 붉은색? 아니, 푸른색이야.

4억 년 이전부터 살았다고?

타란툴라랑 다르게 어미 전갈은 새끼들을 잘 돌봐. 작고 귀여운 새끼 수십 마리를 등에 업고 다녀.

핵심 정보
전갈은 4억 년 이전부터 지구에서 살았어.

요건 몰랐지?
전갈이 타란툴라보다 더 오래전부터 지구에서 살았지.

깜짝 질문
새끼 전갈은 얼마 동안 엄마 등에서 지낼까? 2주 정도 지내다가 허물을 벗으면 내려온단다.

재미로 푸는 타란툴라 퀴즈

마음만 먹으면 뭐든 할 수 있을 것 같은 타란툴라도 못하는 일이 있단다. 뭘까?

안경알이 여덟 개인
안경 찾기.

자기 발에 맞는
똑같은 색의 신발 찾기.

자기를 보고도 도망치지 않을
미용사 찾기.

잠깐, 깔깔깔 전갈 퀴즈

전갈도 질 수 없지. 재미있는 전갈 퀴즈를 풀어 보자. 절대로, 절대로 전갈을 만나고 싶지 않은 세 곳은?

쌔근쌔근 잠자는 동안 내 코 위! 우앗!

내가 팬티를 내리고 앉은 변기 위! 제발 저리 가 주렴.

즐거운 소풍날 연 도시락 속! 딱딱딱! 끄아앗!

최강 동물 대결!

스스슥, 타란툴라가 나무를 오르고 있어.
발끝에 난 발톱으로 거침없이 오르고 또 올라.

빠가각

쉿, 저기 바위 밑에 뭔가 있나 봐. 전갈이야! 바깥을 지켜보며 가만가만 있어. 아무도 모르게 그저 바라보기만 하고 있네. 잡아먹을 먹잇감이 지나가기를 기다리면서.

이윽고 해가 지고, 천천히 어둠이 내려앉았어. 이제야 전갈이 바위 밑에서 스멀스멀 기어 나왔어.

으아악, 깜짝이야! 전갈이 화들짝 놀랐어. 갑자기 타란툴라가 나무에서 뛰어내려 확 덮쳤다니까! 무려 8개나 되는 다리랑 더듬이다리를 짝 펼치고 겁을 주면서 말이야. 저 다리에 붙들리면 정말 큰일 날 거야.

하지만 이대로 당할 전갈이 아니지. 전갈이 잽싸게 몸을 돌려 타란툴라의 공격을 피했어.

쭈우욱

전갈이 잠깐 뒤로 물러서더니 맞서 싸울 준비를 했어. 날카로운 집게발과 꼬리를 휘두르며 타란툴라에게 달려들었지. 이내 집게발로 타란툴라의 더듬이다리를 꽉 붙들고, 꼬리를 일으켜 세우더니 타란툴라의 다리 하나를 푹 찔렀어. 그리고 필살기! 독을 집어넣었지.

타란툴라는 한쪽 다리에 아무런 감각도 느끼지 못하게 되었어. 몸집은 타란툴라가 더 크지만 지금부터는 전갈에게 유리한 승부가 되겠어.
타란툴라가 힘으로 전갈의 몸을 홱 뒤집었지만 재빨리 일어난 전갈이 타란툴라의 다른 다리를 찔렀거든.

전갈에게 찔린 타란툴라의 다리는 감각이 점점 무뎌졌어. 그러는 사이에 전갈이 결정적인 공격을 해 왔어. 타란툴라의 몸통에 또다시 독침을 찌른 거야!

결국 타란툴라는 온몸에 독이 퍼져서 꼼짝도 하지 못했지. 이번 승부는 전갈의 승리! 이제 전갈이 타란툴라를 잡아먹을 일만 남았네.

누가 더 유리할까?

아래 체크 리스트의 각 항목을 보고, 더 강한 동물에 체크(∨) 표시해 봐!

타란툴라   **전갈**

타란툴라	항목	전갈
☐	몸길이	☐
☐	사는 곳	☐
☐	다리와 발톱	☐
☐	송곳니와 털	☐
☐	집게발과 독침	☐
☐	외골격	☐
☐	공격 자세	☐

★ **찾아보자!** 몸길이 8~9쪽, 사는 곳 10~11쪽, 다리와 발톱 12~13쪽, 송곳니와 털 14쪽, 집게발과 독침 15쪽, 외골격 20~21쪽, 공격 자세 24~25쪽

안 돼! 이대로
잡아먹힐 순 없단 말이야!

WHO WOULD WIN?
누가 이길까?

제리 팔로타 글 · 롭 볼스터 그림 | 신인수 옮김

말벌

VS

쌍살벌

비룡소

조심해! 멀리 떨어지라고!
실수로라도 저 벌집을 건드렸다간 살아남지 못할걸.

붕붕거리며 공중에 떠 있는 저게 뭐지?
맙소사, 말벌과 쌍살벌이야! 저 둘은 성질이 사납기로 유명하다고. 벌써 서로를 알아차리고 말았네! 그렇다면 구경해 봐야지. 둘이 싸운다면 과연 누가 이길까?

커다란 몸집으로 제압하는
무자비한 공격수

이름: 장수말벌
크기: 최대 5센티미터
공격 기술: 덮치듯 날아들어 여기저기 독침 쏘기

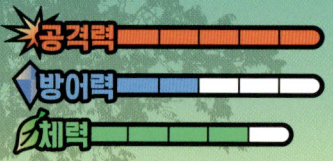

말벌

44 ············· 말벌 선수 입장!
46 ············· 곤충에 속하는 무리들
48 ············· 식물 번식의 일등 공신
50 ············· 꽃과 벌은 단짝 친구
52 ············· 말벌의 카리스마 넘치는 생김새
54 ············· 나무껍질로 지은 집
56 ············· 말벌의 먹잇감
58 ············· 벌의 날개와 다리
60 ············· 찌르고 또 찌르는 공포의 침
62 ············· 공룡과 같은 시대에 살았던 말벌
64 ············· 전투기 이름이 '말벌'이라고?
66 ············· 말벌에 얽힌 일화 / 말벌 모양의 장신구

동물 소개 · 차례

스피드와 벌침으로 단번에 확!
번개 독침술사

이름: 붉은쌍살벌
크기: 약 2센티미터 내외
공격 기술: 치명적인 부위에 재빠르게 독침 쏘기

쌍살벌

쌍살벌 선수 입장! ·············· 45
다 같은 곤충이 아니야! ·············· 47
엄청나게 많은 벌의 종류 ·············· 49
달콤한 꿀 만들기 ·············· 51
남다른 외모의 쌍살벌 ·············· 53
땅속에 벌집을 짓는다고? ·············· 55
이것저것 다 먹는 쌍살벌 ·············· 57
외골격에 싸인 몸 ·············· 59
콕콕콕 상대를 위협하는 침 ·············· 61
옛 모습 그대로인 쌍살벌 ·············· 63
우리 주변의 사나운 벌들 ·············· 65
쌍살벌을 만난 무시무시한 기억 / 쌍살벌 모양의 장신구 ·············· 67

누가 더 유리할까? ·············· 72

말벌 선수 입장!

부웅부웅, 귀를 간지럽히는 소리를 내며 말벌이 나타났어. 말벌에서 '말'은 '크다'라는 뜻이야. 덩치도 크고 무는 힘도 세지. 그중에서도 오늘의 대결 선수는 바로 장수말벌이야. 조심해! 장수말벌은 지구 상에서 가장 크고, 공격적인 말벌이니까.

실제 크기

핵심 정보
장수말벌의 몸길이는 최대 5센티미터에 이른단다.

꿀벌과 똑같아 보인다고? 천만에! 말벌은 꿀 같은 건 만들지 않아. 사나운 사냥꾼 말벌이 듣는다면 자존심 상할 얘기라고!

쌍살벌 선수 입장!

위풍당당 자세를 잡고 있는 붉은쌍살벌 좀 봐. 말벌은 종류가 무지 많은데 쌍살벌도 말벌의 한 종류야. 말하자면 먼 친척인 거지. 장수말벌보다 몸집은 좀 작아도 고약한 성미는 뒤지지 않아.

핵심 정보
쌍살벌의 몸길이는 약 2센티미터 정도야.

실제 크기

같은 말벌과라고 해도 장수말벌과 쌍살벌은 다르게 생겼어. 특히 붉은쌍살벌은 붉은빛을 띠고 허리가 훨씬 잘록하지.

곤충에 속하는 무리들

개미, 꿀벌, 말벌, 쌍살벌은 모두 곤충이야. 몸이 머리, 가슴, 배, 세 부분으로 나뉘어 있지.

기본기 다지기

곤충은 다리가 6개야. 가슴에 붙어 있어.

핵심 정보

꿀벌, 말벌, 쌍살벌은 모두 날개가 있네. 개미는 보통 날개가 없지만 드물게 날개 달린 개미도 있어.

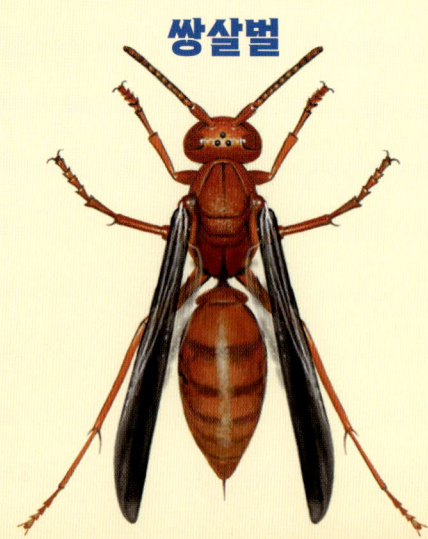

와, 다 같이 놓고 보니까 네 마리가 정말 비슷하게 생겼잖아!

다 같은 곤충이 아니야!

벌과 개미, 거미를 나란히 놓고 비교하면 비슷해 보이지만 거미는 곤충이 아니야. 아래 그림을 잘 봐. 다리 개수도, 몸의 구조도 달라.

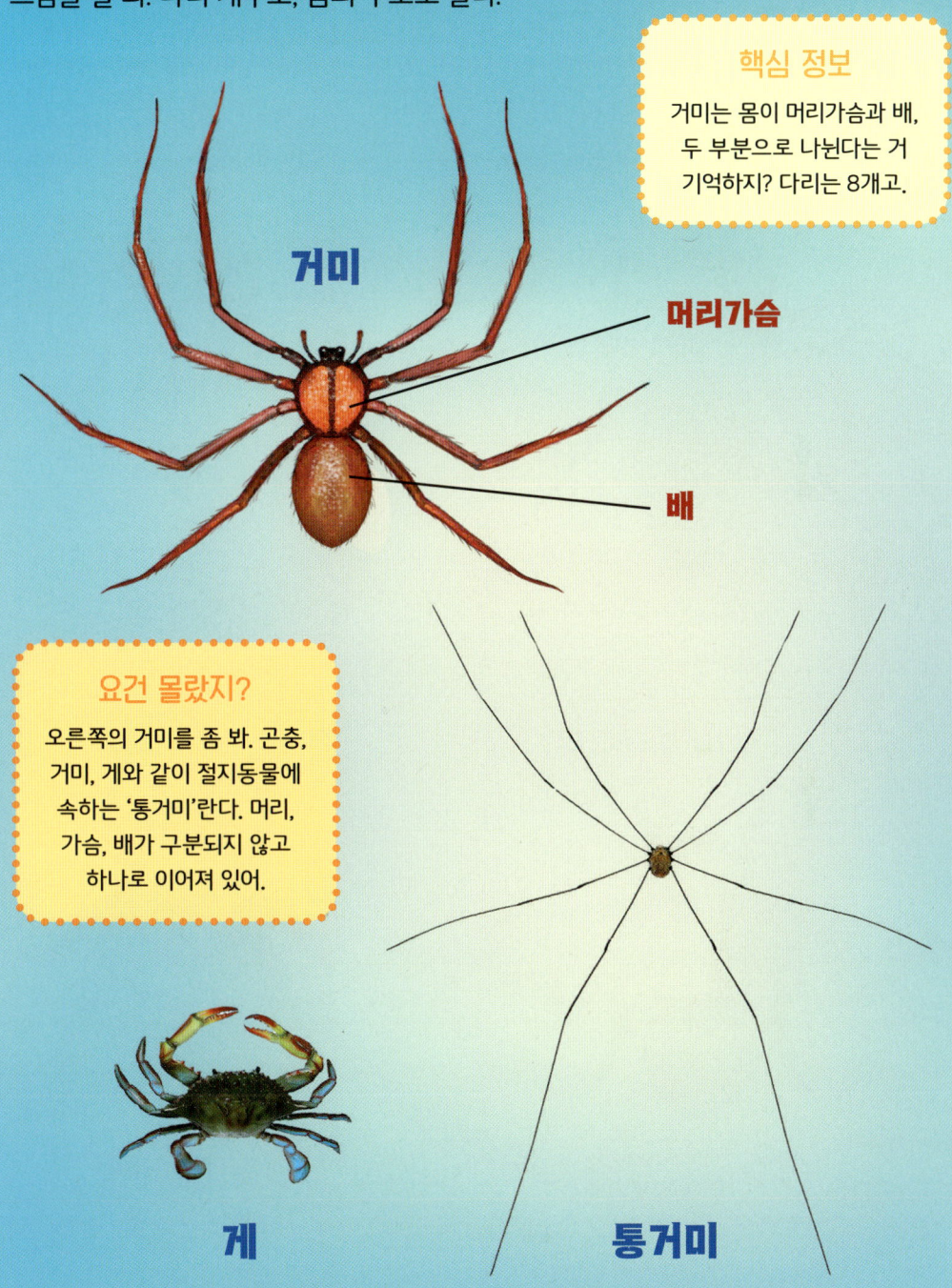

핵심 정보
거미는 몸이 머리가슴과 배, 두 부분으로 나뉜다는 거 기억하지? 다리는 8개고.

거미 — 머리가슴, 배

요건 몰랐지?
오른쪽의 거미를 좀 봐. 곤충, 거미, 게와 같이 절지동물에 속하는 '통거미'란다. 머리, 가슴, 배가 구분되지 않고 하나로 이어져 있어.

게   통거미

게도 통거미처럼 머리, 가슴, 배가 하나로 되어 있어.

식물 번식의 일등 공신

생태계*에서 벌이 하는 아주 중요한 일이 있어. 바로 식물의 번식을 돕는 거야. 벌이 꽃을 옮겨 다니며 꽃의 수술에 있는 꽃가루를 암술머리에 묻혀 주는 거야.** 그러면 그 꽃은 열매를 맺고 씨앗을 만들어.

청벌

꿀벌

깜짝 질문
벌이 꽃가루를 어디로 모으게? 다리란다.

요건 몰랐지?
꿀벌은 앞다리로 눈과 더듬이를 깨끗하게 닦아.

우수리뒤영벌

어리호박벌

핵심 정보
대체로 꿀벌은 보송보송하게 털이 나 있어.

★**생태계**: 생물들과 그 생물과 영향을 주고받는 주변 환경.
★★50쪽 그림 참조.

엄청나게 많은 벌의 종류

평소 벌에 대해 얼마만큼 알고 있니? 아마 자세히 알진 못할걸? 벌은 종류가 무려 2만 종이 넘거든. 어마어마하지. 남극을 제외한 전 세계 어디에나 벌이 살고 있어.

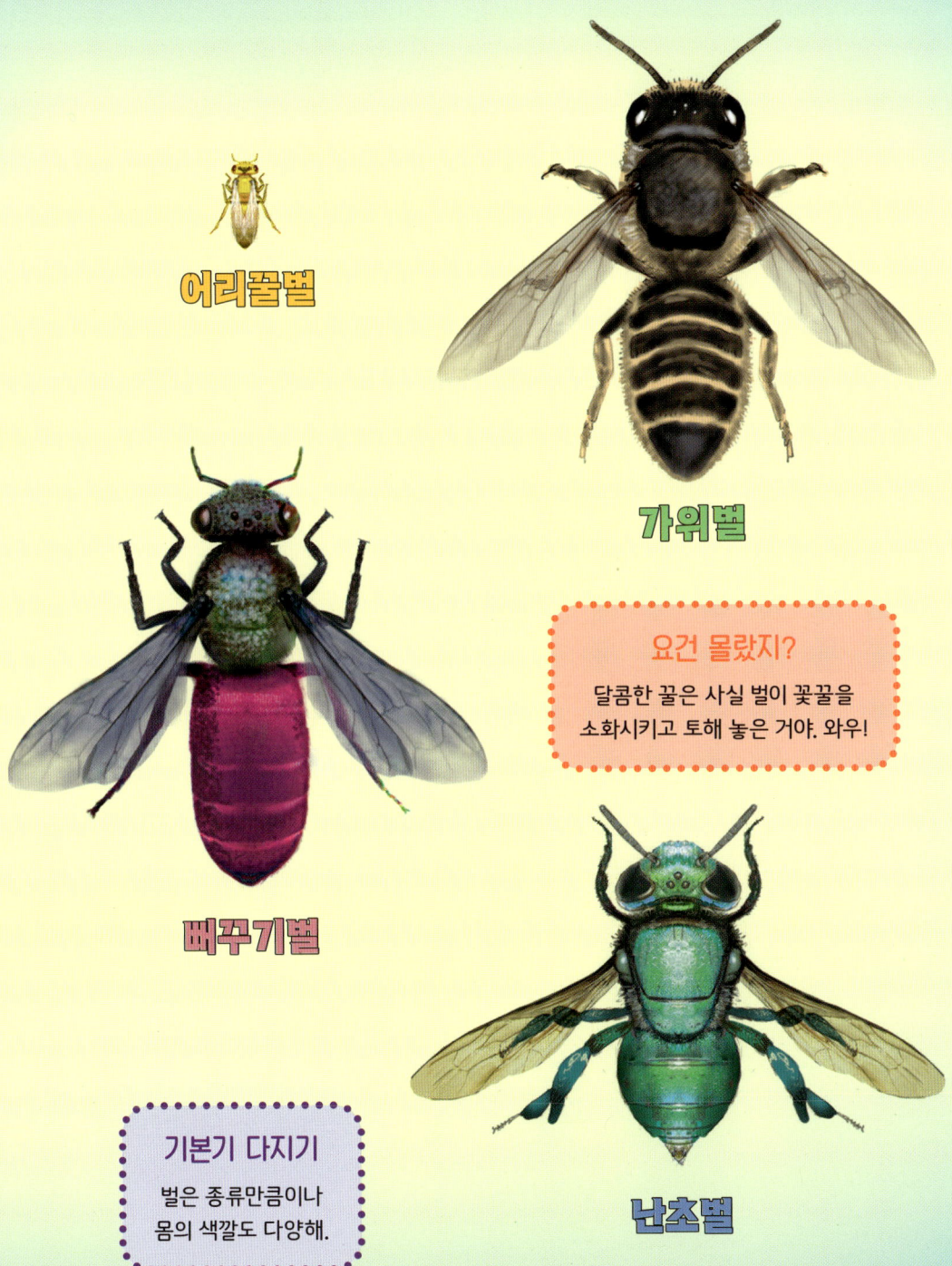

어리꿀벌

가위벌

뻐꾸기벌

난초벌

요건 몰랐지?
달콤한 꿀은 사실 벌이 꽃꿀을 소화시키고 토해 놓은 거야. 와우!

기본기 다지기
벌은 종류만큼이나 몸의 색깔도 다양해.

꽃과 벌은 단짝 친구

나무, 들풀, 꽃, 채소…. 여러 식물은 저마다 꽃을 피우고 씨앗을 만들어. 벌은 꽃을 찾아다니며 다리에 꽃가루를 묻혔다가 암술머리에 옮겨 준단다. 벌이 없다면 꽃은 열매를 맺지 못할 거야.

사과꽃

장미꽃

수술

암술머리

개나리꽃

꽃잎

밑씨

뻐꾹채

수레국화

기본기 다지기

꿀벌의 대롱처럼 길쭉한 입 끝에는 털이 많이 나 있어. 이 털로 꿀벌이 꽃에서 꽃꿀을 쓸어 담는 거야.

달콤한 꿀 만들기

꿀벌들은 각자 역할이 달라. 그중 꿀 만드는 일을 하는 꿀벌을 '일벌'이라고 해. 일벌이 꽃에서 모은 꽃꿀을 뱃속에 모아다가 다른 일벌에게 전해 주면, 전달받은 일벌이 꿀을 입안에서 한참 머금고 있다가 또 다른 일벌에게 전해 줘. 마지막에 꿀을 넘겨받은 일벌이 꿀을 게워 내면, 그게 바로 벌꿀이야.

기본기 다지기
꿀벌에게 꿀은 소중한 식량이야.

요건 몰랐지?
꿀벌 한 마리가 평생 모으는 꿀의 양은 생각보다 적어. 약 0.4그램 정도!

벌집에는 여왕벌, 수벌, 일벌, 이렇게 세 부류의 벌이 살아. 이 중 여왕벌은 단 한 마리뿐이지.

여왕벌
알을 낳아.

수벌
여왕벌과 짝짓기를 해.

일벌
꽃을 찾아다니며 꿀을 만들어.

깜짝 질문
수벌에게 벌침이 있을까? 정답은 없다!

말벌의 카리스마 넘치는 생김새

가까이에서 말벌의 얼굴을 제대로 본 적이 있어? 이렇게 잘생긴 줄은 몰랐을 거야. 다음 핼러윈 때는 말벌 가면을 만들어 써 보면 어때? 다들 멋지다고 생각할 거야.

핵심 정보
대부분의 곤충은 겹눈을 가지고 있어. 벌도 마찬가지고. 겹눈은 홑눈 여러 개가 촘촘하게 모인 거야.

놀라운 사실!
말벌은 턱 힘이 무척 강해. 꿀벌의 몸통을 깨물어서 바로 두 동강을 내 버릴 정도로!

요건 몰랐지?
겹눈을 가진 곤충은 여러 방향을 동시에 볼 수 있어.

말벌을 자세히 들여다보겠다고 가까이 다가가면 곤란해. 몹시 공격적이거든. 널 침으로 쏘거나 귓불을 꽉 깨물지도 모른다고!

남다른 외모의 쌍살벌

쌍살벌 외모도 말벌에 뒤지지 않지. 쌍살벌의 생김새를 이렇게 자세히 보는 건 흔치 않은 기회니 잘 봐 두라고.

핵심 정보
쌍살벌과 말벌 둘 다 커다란 겹눈을 가지고 있어. 게다가 머리 꼭대기에 작은 홑눈 3개가 더 있지. 홑눈으로 가까운 물체를 보거나 밝기를 구분하고, 겹눈으로 먼 곳을 보거나 색깔을 구분한단다.

놀라운 사실
쌍살벌도 턱 힘이 매우 세.

요건 몰랐지?
벌은 더듬이로 사물을 느끼고, 맛보고, 소리를 들을 수 있어.

쌍살벌의 생김새를 충분히 봤다면 조금 떨어지는 게 좋겠어. 누가 성가시게 굴면 아주 사나워지는 성미니까.

나무껍질로 지은 집

벌은 종류가 다양한 만큼 각각 사는 집의 생김새도 다양해. 먼저 나무껍질로 지은 집을 살펴보자.

나무껍질로 만든 벌집

핵심 정보
벌이 나무껍질을 삼켜서 씹으면 섬유질과 침이 섞여 죽처럼 돼. 그걸 종이처럼 얇게 펴 발라 둥지를 만드는 거야.

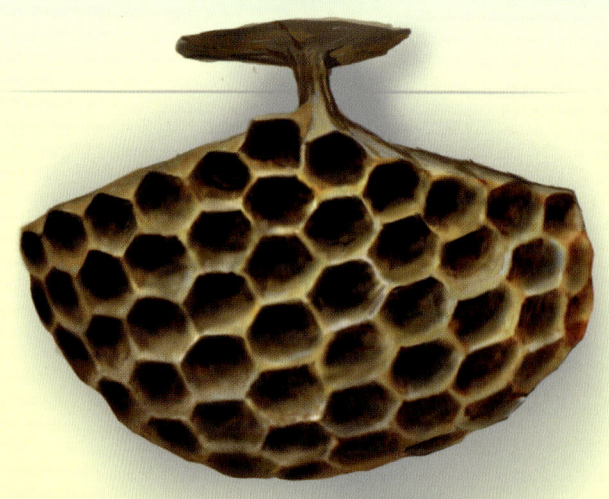

우산 모양 벌집

요건 몰랐지?
벌집 안을 들여다보면, 알에서 나온 지 얼마 안 된 유충이 모여 사는 층이 따로 있어.

기본기 다지기
유충은 애벌레인데, 지렁이와 생김새가 비슷하지.

깜짝 질문
벌과 사람 중 누가 먼저 종이를 만들었을까? 벌이 먼저야!

땅속에 벌집을 짓는다고?

어떤 벌은 땅속에 집을 짓고 살기도 해.

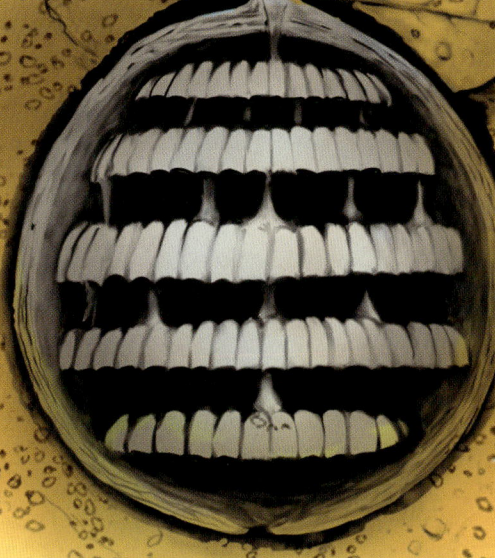

땅속 벌집

핵심 정보
어떤 벌은 땅속에 직접 굴을 파서 집을 지어. 때로는 버려진 땅굴에서 살기도 해.

땅속에 지은 벌집 내부

어떤 벌은 진흙으로 집을 짓기도 해. 시골집에 놀러 갔다가 아래와 같은 모양의 벌집을 보면 절대 건드리지 마!

진흙 벌집 내부

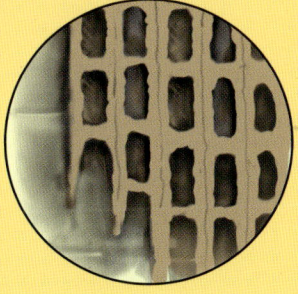

핵심 정보
진흙 벌집은 벌의 침과 진흙을 섞어서 만든단다.

진흙 벌집

55

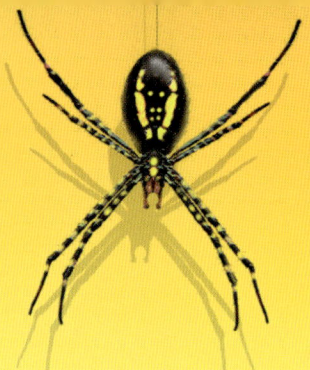

말벌의 먹잇감

말벌은 평소에 뭘 먹을까? 달콤한 꽃꿀? 후훗, 반만 맞혔어! 왜냐하면 다 자란 말벌과 말벌 유충의 먹잇감은 다르거든. 다 자란 말벌은 주로 과일즙이나 꽃꿀을 먹고 살아. 그리고 유충에게는 매미나 잠자리 같은 벌레를 잡아다가 먹인단다.

놀라운 사실!
말벌은 꿀벌의 벌집을 공격해서 사냥을 하기도 해. 잡은 꿀벌을 강력한 턱 힘으로 짓이긴 다음 유충에게 먹인단다. 워우, 놀라워라!

말벌은 가끔 사람들이 먹다 버린 고기 찌꺼기를 탐내기도 해. 그러니까 음식을 아무 데나 버리지 말라고!

이것저것 다 먹는 쌍살벌

쌍살벌 유충은 주로 고기를 좋아해. 다 자란 쌍살벌은 거미, 애벌레, 작은 곤충 들을 열심히 사냥해서 유충을 먹이지. 또 유충은 사람들이 먹는 음식도 무척 좋아한단다!

놀라운 사실!
치즈버거를 싸서 나들이를 가면, 쌍살벌이 유충에게 치즈버거를 먹이고 싶어서 쫓아올지도 몰라!

요건 몰랐지?
다 자란 쌍살벌은 주로 꽃꿀을 먹어.

징그러움 주의 ! 우웩!

고기를 좋아하는 쌍살벌 유충은 길거리에 죽어 있는 동물도 잘 먹어. 만약 차에 치여 죽은 뱀 주위에 날벌레 떼가 잔뜩 모여 있다면, 그건 아마 굶주린 쌍살벌 유충을 먹이기 위해 몰려든 쌍살벌 무리일지도 몰라.

벌의 날개와 다리

벌은 앞날개와 뒷날개가 양쪽에 한 쌍씩 총 4장의 날개가 있어. 앞날개와 뒷날개가 만나는 곳에는 작은 돌기가 나 있지. 벌은 날갯짓할 때 이 돌기로 앞날개와 뒷날개를 걸어 이어서 더 힘차게 날 수 있단다.

기본기 다지기
앞날개와 뒷날개 사이에는 갈고리 모양의 작은 돌기들이 있어. 힘차게 날아오를 땐 그 갈고리를 걸어서 날갯짓해. 보통 때는 갈고리를 풀고 있지.

앞날개

뒷날개

요건 몰랐지?
벌은 다리에 여러 개의 마디가 있어.

날개의 갈고리 모양 돌기

사실 나는 쌍살벌을 싫어해. 먹잇감으로 날 찾아온다면 모를까!

놀라운 사실!
말벌은 날개를 1분에 약 1만 번 파닥일 수 있대.

외골격에 싸인 몸

벌은 다른 곤충들처럼 몸속에 뼈가 없어. 대신 몸 바깥이 외골격으로 싸여 있어. 딱딱한 겉껍데기인 외골격이 벌의 몸을 보호해 줘.

핵심 정보
쌍살벌의 '쌍살'은 두 개의 화살이라는 뜻이야. 두 뒷다리를 늘어뜨리고 나는 모습이 화살 두 개 같다고 하여 붙여진 이름이지.

요건 몰랐지?
벌의 날개는 외골격처럼 딱딱한 물질로 이루어져 있어.

이봐, 말벌. 내가 곧 너를 먹어 주겠어!

찌르고 또 찌르는 공포의 침

벌의 가장 대표적인 무기는 바로 침이야. 꿀벌은 침을 한 번 쏘고 나면 침이 뽑혀 죽고 말지만 말벌은 몇 번이고 계속 침을 쏠 수 있어.

기본기 다지기
말벌의 배는 여러 개의 마디로 이루어져 있어. 주름을 접었다 펴듯 마디를 움직여 원하는 곳에 정확하게 침을 쏠 수 있지.

말벌의 침을 크게 키워서 보면 톱날처럼 뾰족뾰족해.

요건 몰랐지?
꿀벌은 침을 쏘면 배 부위가 침이랑 같이 떨어져 나가면서 결국 죽고 말아.

핵심 정보
말벌은 1시간에 24킬로미터 정도 날아갈 수 있어.

콕콕콕 상대를 위협하는 침

쌍살벌의 침은 바늘처럼 겉면이 매끄러워. 꽂았다가 빼기가 쉬워서 쌍살벌도 침을 여러 번 쏠 수 있지!

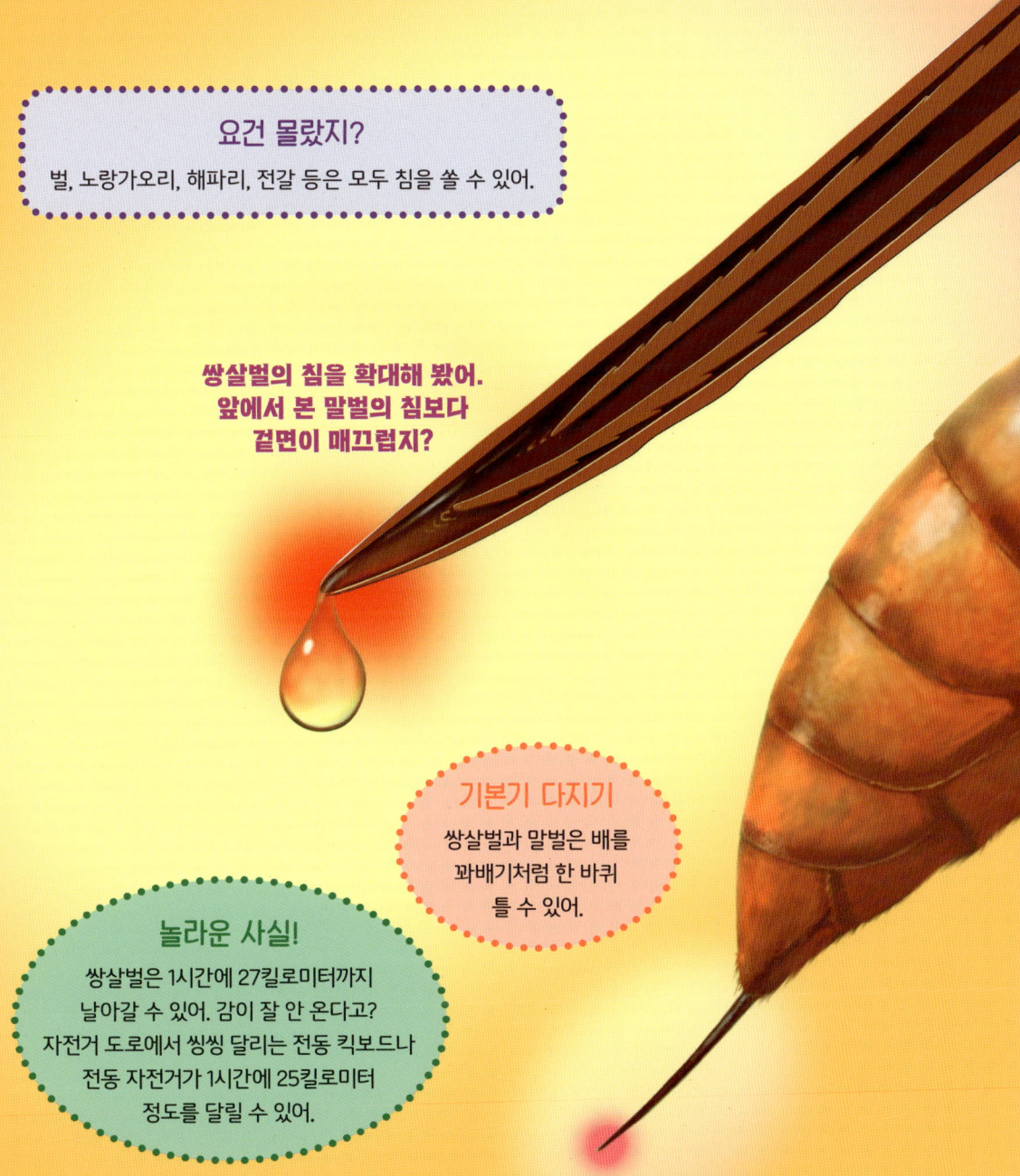

요건 몰랐지?
벌, 노랑가오리, 해파리, 전갈 등은 모두 침을 쏠 수 있어.

쌍살벌의 침을 확대해 봤어.
앞에서 본 말벌의 침보다
겉면이 매끄럽지?

기본기 다지기
쌍살벌과 말벌은 배를
꽈배기처럼 한 바퀴
틀 수 있어.

놀라운 사실!
쌍살벌은 1시간에 27킬로미터까지 날아갈 수 있어. 감이 잘 안 온다고? 자전거 도로에서 씽씽 달리는 전동 킥보드나 전동 자전거가 1시간에 25킬로미터 정도를 달릴 수 있어.

뾰족한 침을 보니 주사 바늘이 떠오르지 않니? 맞으면 아프겠다. 으으!

공룡과 같은 시대에 살았던 말벌

말벌은 언제부터 지구에서 살았을까? 무려 1억 5000만 년보다 더 오래전부터 지구에 살았어. 한때 말벌은 공룡과 어울려 살았던 거야!

꾸웩, 지긋지긋한 말벌!

요건 몰랐지?

박쥐는 천적인 올빼미를 피하려고 말벌의 윙윙거리는 소리를 흉내 내기도 해. 한 번이라도 말벌에게 쏘인 경험이 있는 올빼미라면 말벌을 피하려고 할 테니까.

아래는 오랜 옛날 호박 속에 갇힌 채로 죽은 말벌이야.

기본기 다지기

호박은 나무에서 나온 끈적한 진이 땅속에서 굳어져 돌처럼 단단해진 거야.

핵심 정보

호박 속에 갇힌 곤충은 화석이 되어 수백만 년 동안 보존될 수도 있어.

옛 모습 그대로인 쌍살벌

기본기 다지기
쌍살벌도 수백만 년 전부터 지구에 살았어.

상상해 봐! 아래 대결은 누가 이길까?

1만 5000킬로그램이 넘는 육중한 몸
아파토사우루스 VS **쌍살벌**
정신을 아찔하게 만드는 무차별 벌침 공격

1억 2500만 년 전에 만들어진 벌 화석을 자세히 보렴. 쌍살벌의 모습이 지금과 거의 비슷해. 배에 있는 마디, 날개, 머리, 더듬이까지 다 보이지?

전투기 이름이 '말벌'이라고?

'F/A-18 호닛'이라는 전투기는 말벌에서 이름을 따왔어. 말벌을 영어로 '호닛(Hornet)'이라고 하거든. 이 전투기도 말벌의 침처럼 미사일을 여러 번 쏠 수 있지.

F/A-18 호닛

놀라운 사실!
F/A-18 호닛은 땅과 하늘에서 모두 공격할 수 있어.

미국 해군의 전투기는 말벌처럼 부웅부웅 요란한 소리를 내며 곡예비행을 해. 이름 때문일까? 괜스레 더 위협적으로 보이는 것 같아.

요건 몰랐지?
미국 새크라멘토의 캘리포니아 주립 대학교에는 '호닛'이라는 스포츠팀이 있대.

**캘리포니아 주립 대학교
새크라멘토 스포츠팀 호닛**

우리 주변의 사나운 벌들

미국 해군에서는 여러 대의 헬리콥터를 실을 수 있는 대형 수송 군함을 '와스프'라고 해. 영어로 '와스프(Wasp)'는 꿀벌 이외의 벌을 뜻한단다.

놀라운 사실!
와스프에는 동시에 여러 대의 헬리콥터가 뜨고 내릴 수 있는 비행 갑판*이 갖춰져 있어.

요건 몰랐지?
와스프는 지진, 태풍 등의 재해가 발생했을 때 사람들을 구하고 물품을 실어 나를 수 있도록 개발되었어.

깜짝 질문
영국의 '와스프'는 어떤 스포츠팀의 이름일까? 럭비팀 이름이야!

우리나라에서는 잘록한 허리를 '개미허리'라고 하잖아? 유럽에서는 가는 허리를 벌의 허리에 비유하곤 해. 19세기에는 사진 속 드레스처럼 가는 허리를 강조하는 옷차림이 유행했어.

★갑판: 큰 배 위에 나무나 철판으로 깔아 놓은 평평한 바닥.

말벌에 얽힌 일화

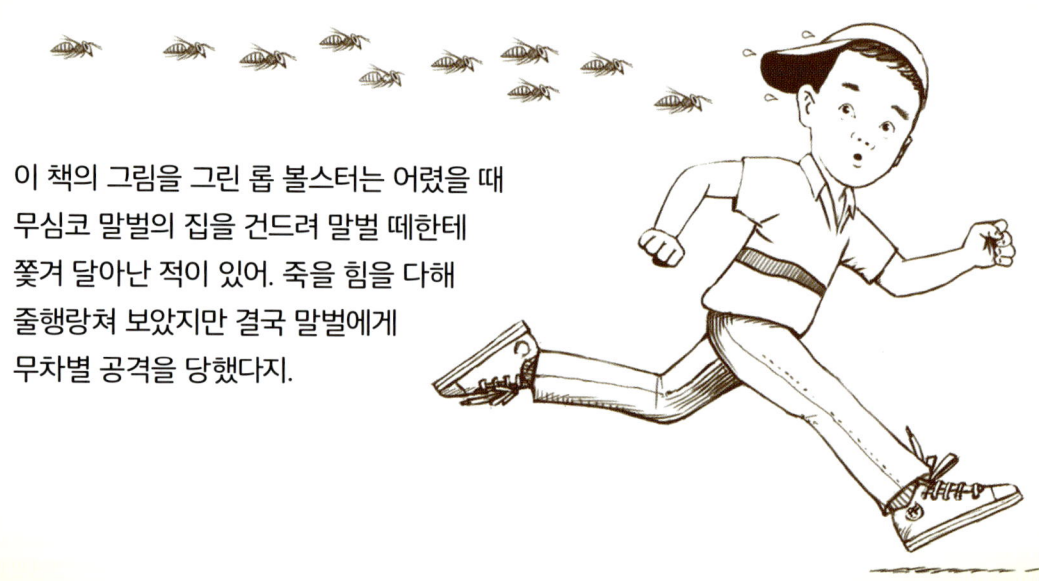

이 책의 그림을 그린 롭 볼스터는 어렸을 때 무심코 말벌의 집을 건드려 말벌 떼한테 쫓겨 달아난 적이 있어. 죽을 힘을 다해 줄행랑쳐 보았지만 결국 말벌에게 무차별 공격을 당했다지.

말벌 모양의 장신구

말벌 모양 장신구는 인기가 많아.

요건 몰랐지?
브로치는 핀이 달려 있어서 옷에 고정할 수 있는 장신구야. 보석으로 만든 말벌 브로치라니, 근사한걸?

말벌 모양 브로치

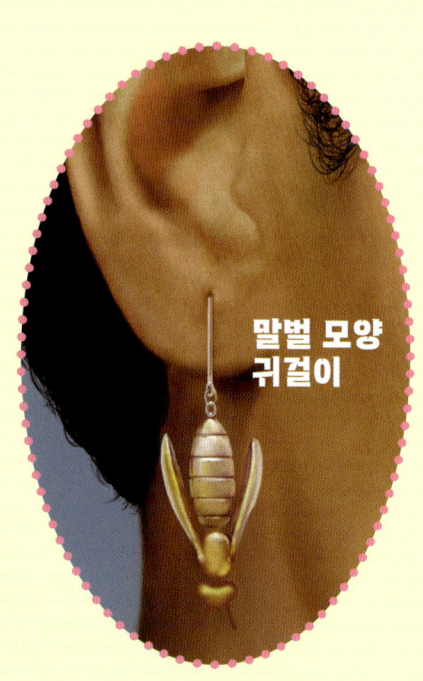

말벌 모양 귀걸이

쌍살벌을 만난 무시무시한 기억

이 책의 글 작가인 제리 팔로타가 야구 시합에 나갔을 때 일이야. 공을 치려고 타석에 들어섰는데 갑자기 날아온 쌍살벌에 쏘이고 만 거야!

심판은 타자가 껑충 뛰며 비명을 지르는 모습을 보고는 경기가 잘 안 풀려서 심술을 부리는 줄로만 알았대.

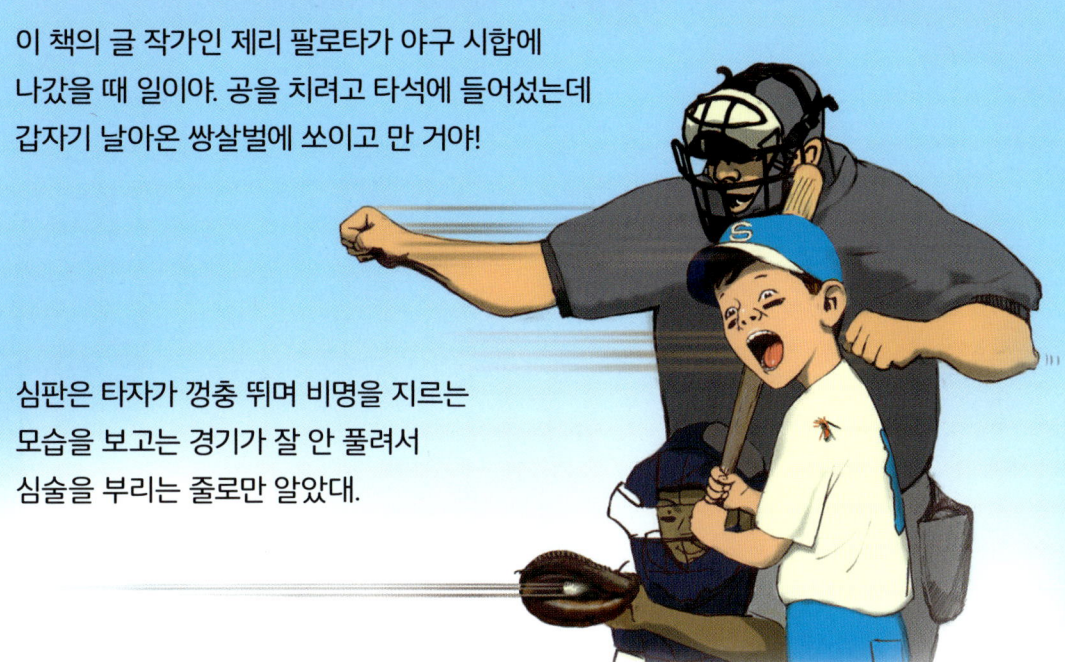

쌍살벌 모양의 장신구

쌍살벌 모양의 장신구로 치장하면 기분이 어떨까?

> 요건 몰랐지?
> 옛날에는 반지와 목걸이가 신분을 나타내는 표시이기도 했단다.

쌍살벌 모양 반지

쌍살벌 모양 목걸이

최강 동물 대결!

잠자리가 해바라기에 날아와 앉았어. 그런데 저 멀리에 말벌과 쌍살벌이 나타났어! 먹잇감 하나에 잡아먹으려는 자는 둘. 말벌은 먼저 경쟁자를 해치우기로 마음먹었지.

말벌이 잽싸게 날아가 쌍살벌을 공격했어! 하지만 쌍살벌 역시 만만찮은 상대야. 아주 잠깐 놀란 듯하더니 곧바로 말벌의 눈에 침을 쏘았지.

눈을 다친 말벌은 방향 감각을 잃고 말았어. 말벌이 정신을 차리는 사이에 쌍살벌은 얼른 도망쳤어. 말벌과 제대로 맞붙으려면 죽음을 각오해야 하거든.

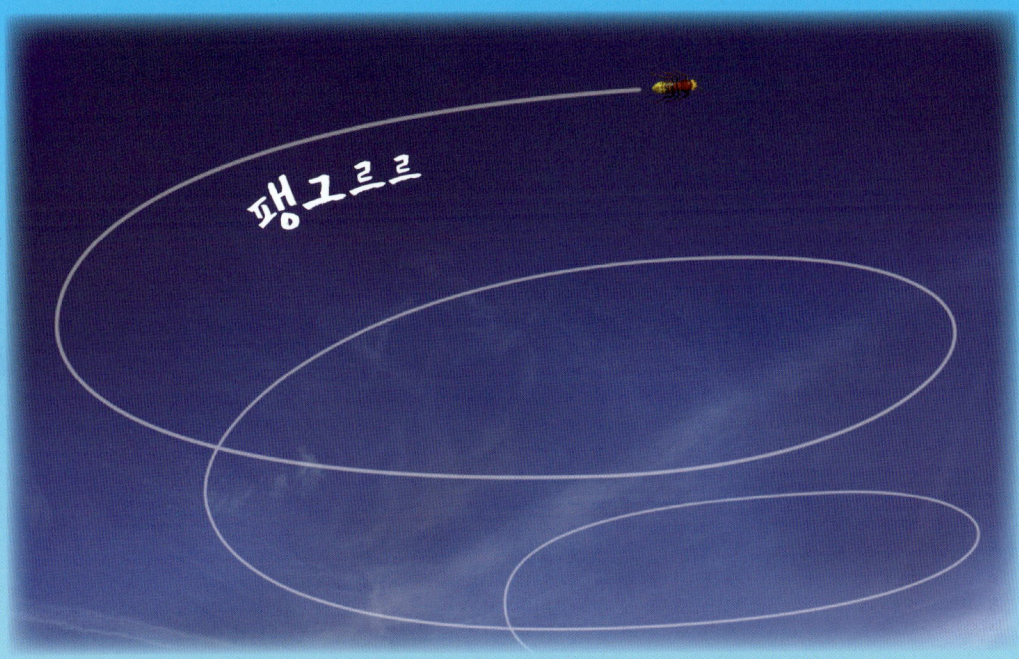

그런데 말벌이 도망가는 쌍살벌 뒤를 총알처럼 뒤쫓더니 기어코 쌍살벌을 따라잡았어. 콕, 콕, 콕! 말벌은 거침없이 쌍살벌에게 침을 쏘았단다.

쌍살벌은 땅으로 휙 내려가 말벌을 피하려고 해 보았지만 따돌릴 수가 없었어. 으으으, 말벌한테 쏘인 데가 너무 고통스러웠지! 독이 온몸에 퍼진 것 같아.

말벌은 끝내 땅에 내려앉은 쌍살벌의 머리에 침을 몇 번이나 더 쏘아 댔어. 쌍살벌은 맞서 싸우고 싶었지만 힘이 빠져서 몸을 일으키는 것조차 힘겨웠지.

상처 입은 쌍살벌이 서서히 죽어 가고 있어. 말벌이 이긴 거야. 하지만 말벌도 한쪽 눈을 다치고 말았지.

격하게 싸우느라 지친 말벌은 쌍살벌을 잡아먹고 기운을 차릴 건가 봐. 그런데 가만 있자. 잠자리는 어디로 간 거야?

누가 더 유리할까?

아래 체크 리스트의 각 항목을 보고, 더 강한 벌에 체크(∨) 표시해 봐!

말벌   **쌍살벌**

말벌	항목	쌍살벌
☐	크기	☐
☐	눈	☐
☐	날개	☐
☐	외골격	☐
☐	침	☐
☐	비행 속도	☐

★ **찾아보자!** 크기 44~45쪽, 눈 52~53쪽, 날개 58쪽, 외골격 59쪽, 침 60~61쪽, 비행 속도 60~61쪽

지은이 **제리 팔로타**
미국 매사추세츠주 페가티 비치에서 72명의 사촌들과 함께 어린 시절을 보냈다.
어른이 되어서는 30년 넘게 어린이책 작가로 활동하며, 90권 이상의 책을 썼다.
쓴 책 중에 「누가 이길까?(Who Would Win?)」시리즈를 가장 좋아한다.

그린이 **롭 볼스터**
풍경과 사물을 매우 사실적으로 그리는 예술가이자 전문 일러스트레이터.
미국 로드아일랜드 디자인스쿨을 졸업하고 20년 넘게 일러스트레이터로 일하고 있다.
지금은 미국 매사추세츠주 보스턴 근처에서 유화를 그리며 지낸다.

옮긴이 **신인수**
대학에서 영문학을 공부한 뒤 성균관대학교 대학원에서 번역학을 전공했다.
어린이·청소년책에 깊은 애정을 가지고 좋은 작품을 찾아 우리말로 옮기고 있다.
옮긴 책으로는 『동물 천재를 위한 남다른 지식 사전』, 『착해도 너무 착한 롤리의 기묘한 이야기』,
『뭐가 되고 싶냐는 어른들의 질문에 대답하는 법』, 『비밀 요원 아샤』,
『초등학생이 알아야 할 참 쉬운 심리학』 등이 있다.

사진 저작권

Photos ©: 20: Tom McHugh/Science Sources; 21: Andres Morya Hinojosa/DanitaDelimont.com; 22: Radius Images/Alamy; 23: Ronaldo Schemidt/AFP via Getty Images; 26: Nils Jorgensen/Rex USA; 27 bottom: McClatchy-Tribune via Getty Images; 27 top: David M. Dennis/Animals Animals - Earth Scenes; 51: florintt/Getty Images; 56: Alastair Macewen/Getty Images; 58: Biophoto Assoc./Science Source; 63: Kent Dannen/Science Source; 64 top: Staff Sgt. Andy M. Kin/Department of Defense; 64 bottom: Courtesy of Sacramento State; 65 top: Mass Communication Specialist 2nd Class Zachary L. Borden/U.S. Navy; 65 bottom left: Wikipedia; 65 bottom right: Hirz/Getty Images.

타란툴라 vs 전갈
또 하나의 대결 말벌 vs 쌍살벌

1판 1쇄 펴냄－2023년 4월 25일, 1판 2쇄 펴냄－2025년 6월 2일
글쓴이 제리 팔로타 그린이 롭 볼스터 옮긴이 신인수 펴낸이 박상희 편집장 전지선 편집 임현희 디자인 김성령
펴낸곳 (주)비룡소 출판등록 1994. 3. 17.(제16-849호) 주소 06027 서울시 강남구 도산대로1길 62 강남출판문화센터 4층
전화 02)515-2000 팩스 02)515-2007 홈페이지 www.bir.co.kr
제품명 어린이용 각양장 도서 제조자명 (주)비룡소 제조국명 대한민국 사용연령 3세 이상

WHO WOULD WIN? : TARANTULA VS SCORPION
Text Copyright © 2012 by Jerry Pallotta
Illustration Copyright © 2012 by Rob Bolster

WHO WOULD WIN? : HORNET VS WASP
Text Copyright © 2013 by Jerry Pallotta
Illustration Copyright © 2013 by Rob Bolster

All rights reserved.

Korean Translation Copyright © 2023 by BIR Publishing Co., Ltd.
This Korean translation edition is published by arrangement with Scholastic Inc.,
557 Broadway, New York, NY 10012, USA through KCC(Korea Copyright Center Inc.), Seoul.

이 책의 한국어판 저작권은 ㈜한국저작권센터(KCC)를 통해 저작권사와 독점 계약한 (주)비룡소에 있습니다.
저작권법에 의해 한국 내에서 보호를 받는 저작물이므로 무단 전재와 무단 복제를 금합니다.

ISBN 978-89-491-3306-5 74400 / 978-89-491-3300-3(세트)

 제리 팔로타 글·롭 볼스터 그림 | 신인수 외 옮김

숨 막히는 대결로 이루어진 짜릿한 동물도감!

- **사자 vs 호랑이** / 재규어 vs 스컹크
- **고래 vs 대왕오징어** / 범고래 vs 백상아리
- **악어 vs 비단구렁이** / 코모도왕도마뱀 vs 킹코브라
- **티라노사우루스 렉스 vs 벨로키랍토르** / 트리케라톱스 vs 스피노사우루스
- **북극곰 vs 회색곰** / 방울뱀 vs 뱀잡이수리
- **타란툴라 vs 전갈** / 말벌 vs 쌍살벌
- **바다코끼리 vs 코끼리바다물범** / 바닷가재 vs 게
- **최강전: 정글 동물 편** / 최강전: 곤충과 거미 편
- **최강전: 바다 동물 편** / 최강전: 바다 상어 편
- **최강전: 공룡 편** / 최강전: 파충류 편
- **최강전: 공포의 작은 상어 편** / 최강전: 익룡 편